El ombligo de los pájaros

MUSEO SALVAJE
Colección de poesía
Homenaje a Olga Orozco

Homage to Olga Orozco
Poetry Collection
WILD MUSEUM

Francisco Gutiérrez

El ombligo de los pájaros

Nueva York Poetry Press

Nueva York Poetry Press LLC
128 Madison Avenue, Office 2RN
New York, NY 10016, USA
Telephone number: +1(929)354-7778
nuevayork.poetrypress@gmail.com
www.nuevayorkpoetrypress.com

El ombligo de los pájaros

© 2025 Francisco Gutiérrez

ISBN-13: 978-1-966772-17-0

© *Poetry Collection*
Wild Museum 72
(Homage to Olga Orozco)

© Blurb:
Juan Carlos Olivas

© Publisher & Editor-in-Chief:
Marisa Russo

© Editor:
Francisco Trejo

© Layout Designer:
Moctezuma Rodríguez

© Cover Designer:
William Velásquez Vásquez

©Author's Photographer:
Marysell Mora Leiva

© Cover Image:
Juan Carlos Mestre
La resurrección del otoño (fragmento)
Aguafuerte iluminado a la acuarela
50 x 70 cm.
2020

Gutiérrez, Francisco
El ombrlogo de los pájaros, 1ª ed. New York: Nueva York Poetry Press, 2025, 178 pp. 5.25" x 8".

1. Costa Rican Poetry   2. Latin American Poetry

All rights reserved. No part of this publication may be reproduced, distributed, or transmitted in any form or by any means, including photocopying, recording, or other electronic or mechanical methods, without the prior written permission of the publisher, except in the case of brief quotations embodied in critical reviews and certain other non-commercial uses permitted by copyright law. For permissions contact the publisher at: nuevayork.poetrypress@gmail.com.

A la piel que brilla.

Quien, elogiando la sed, no bebió el agua de las arenas en un casco

SAINT-JOHN PERSE

No elegí este mundo, pero aprendí a querer

CHARLY GARCÍA

… Quantum non milvus oberret.
(Lo que no abarca el vuelo de un milano.)

AULUS PERSINS FLACENS. SAT. IV, 5, 2"

Primer vuelo
Plumaje umbilical

LA SANGRE EN LAS ALAS

No sabemos si todos tenemos
la misma cantidad de agua del diluvio
escondida en la sangre.

Las hormigas guardan en secreto
la secuencia de pasos que dan con su guarida,
la sed es un pez que nos obliga a la humedad,
necesita poco mar por la garganta para saciarse,
para no ejecutar su escape de cardumen por
        los poros.

Los días se acumulan en las oraciones de
        los débiles,
en la sangre que traen en el plumaje
las aves que vuelven de su cacería,
vuelven sin saber si fueron presa,
cazador o emboscada de los días
que no saben dónde colocar sus cuerpos muertos.

Somos pocos lo que buscamos un curso de pesca,
una forma de atrapar libélulas con anzuelos
        oxidados,
corroídos por las palabras bien escritas.

Muchos buscamos un método para encontrar
la psicología de las cataratas a cielo abierto,
para aceptar que cada cuerpo
toma la forma que tejió por encargo
quien sutura las puertas de las salas de emergencia.

No son de fiar los barcos de reventa con la pintura
 intacta,
no son de fiar las escenas del crimen
que se parecen a un planeta.
No olviden desconfiar de los espejos retrovisores,
de las reparaciones con el agua de las próximas
 lluvias.

CETÁCEO

Los trenes y sus migraciones,
absorben cuerpos, expulsan cuerpos.
Los trenes y su forma de animal marino,
pulmonar extensión metálica,
siguen sus grilletes alargados,
migran para reproducirse
pero repiten ciudades y deben aceptar
cuerpos extraños en sus vientres.

Los autobuses corren mejor suerte,
en sus comportamientos
en libertad de caucho ranurado,
hay especies rellenas de gente,
deformaciones congénitas
en forma de anuncios publicitarios,
mercadeo que ofrece peces a otros peces
que temen nadar desnudos.

Los rascacielos son moldes ya sin uso,
el sastre de los cachalotes
guarda de pie los modelos
que mejor han rellenado de hierba
el fondo de las piscinas de los hoteles en quiebra.

Los submarinos son copias imprecisas
de la ballena azul en sus peores días,
aún no se conoce lo que guía
las migraciones de los cetáceos,
el campo geomagnético, el sol,
las corrientes marinas sin cablear,
los conciertos al aire libre
de los sonidos a muy baja frecuencia,
los rieles de los trenes,
las señales de tránsito,
los estómagos nucleares
de los submarinos que nunca lograron
nacer como barcos piratas.

CAZARRECOMPENSAS

Un paso siguiendo al otro,
la reconciliación de la presa con el frío
que se deja caer de las trampas para osos.

Caminar es una negociación entre dos caminos,
entre los puentes y las ciudades
que esperan el rio que les destace el pecho en dos.

Hay quienes coleccionan los carteles de *se busca*:
los usan para envolver regalos,
para reciclar la espalda de los siglos
que nadie quiere con sangre en la boca.

Para seguir el rastro de la madera enterrada,
de las raíces de los muebles sobre el concreto,
de la piel recogiendo escamas en los puertos;
el cazarrecompensas se vuelve incansable,
poco le interesa ya el botín
con muchos lagos en la garganta,
prefiere seguir las cuerdas de las guitarras
hasta el nudo marinero de un cubo de hielo.

Se busca vivo o muerto,
con un tren fantasma clavado en la mirada.

El ombligo de los pájaros

El hombre que con su voz
sostiene los glaciares en Groenlandia.
Lo que trata de susurrar el hielo
a la lluvia para lograr entender el agua.

Muchas cosas se parecen a su propio sonido,
la caída de un árbol al crujir de los huesos al crecer,
el llanto de un niño
 al estéreo dentro del corazón de los pájaros,
la terquedad de las grietas por continuar
a la forma que lleva la muerte
para imprimirse en los espejos.

La mujer que con su respiración
mantiene con vida a la gravedad,
a pesar de su naturaleza de caer
en los vicios más comunes.
Logró rescatarla de la redondez de las casas de empeño,
la liberó del cautiverio de las fórmulas
de la comida congelada.

Por debajo de la tierra,
en cavidades similares a la tristeza de los ombligos,

existen espacios donde las raíces
se juegan la vida para no parecerse
a la forma que llevan por costumbre
los relámpagos en sus mejores días.

PUNTO CIEGO

Sacar la cabeza de la camisa,
nacer al aire libre sin asistencia médica,
abrir los ojos sin complicaciones,
inhalar el otro lado sin necesidad del llanto
para aprender a respirar,
el ombligo por dentro,
después practicaremos la muerte al desnudarnos,
reposar la luz en la espalda,
una espera con un punto ciego
para el siguiente parto sin darnos cuenta.

Dejar salir el pie túnel abajo,
pasearlo como roedor
que ha olvidado el olfato del cazador
que borra las huellas con la sangre,
drenaje abajo, tensa forma para ver a los ojos
a la carne sin pensar en asesinato.

El pie busca la madriguera izquierda,
el único lugar en la llanura de la habitación
con algo similar a una coincidencia.

Los brazos en secuencia lateral,
articulada estrategia para alcanzar
las maniguetas, las perillas, los botones,

esa lista de juguetes de primera infancia,
pequeñas justificaciones para darle destino
a las caricias que no se saben pronunciar.

Distintas vidas juntas y adheridas a un mismo
        cuerpo,
universos, multi versos, versos mal escritos,
oraciones como parásitos comunes de la
        memoria.
El espacio exterior inicia
antes o después de las camisas,
los zapatos, los pantalones,
los puntos ciegos
donde habitamos sin levantarnos en armas.

TRES VENTANAS MENOS

Disperso, uniendo la tela recién cortada,
enhebrando un violín
con las cuerdas vocales de la respiración.

Disperso, practicando un nuevo idioma,
coleccionando los mensajes de rescate o de batalla,
antes que reciclen el vidrio.

Disperso, cerrando círculos entre los rieles
para aprender a viajar en trenes
con poca esperanza de vida.

Cuando las historias impersonales se agrietan,
cuando se cose a mano una cremallera
que solo funciona abriéndose,
en esos días prefiero la imprecisión,
prefiero la belleza del aire
que divide al pájaro en dos alas.

Disperso, hago inventario:
tres ventanas menos que la última glaciación,
tengo más sueño que almohadas,
colecciono más fugas de gatos que ropa ajena
para tapizar el lado externo de las puertas.

Disperso, el café se me confunde de taza,
las cuentas no cierran

Antropología

Después de un abrazo
es posible que ambos cuerpos
mantengan las mismas proporciones,
el peso, el ancho de los órganos,
la disciplina de los pintores daltónicos
para repetir el tono de la sangre.

Pero en algún lugar
es posible que se guarden registros
de las consecuencias de los abrazos.

Después de tomar agua
el alma aún no se convence de la sed,
a pesar de la eternidad
buscamos el tiempo en los bordes de los
      números,
sembramos las horas en la hidroponía
de los acantilados.

En algún recipiente en promoción
alguien debe medir
cuánta alma se puede almacenar.

Después de caminar en masa
en los centros comerciales

los economistas de la respiración
compran pulmones en los barrios bajos,
material robado hace muchos gritos atrás.

En algún lugar se rellenan
globos con aire ilegal.

El carpintero de los armadillos
lleva el recuento de los daños
de los abrazos.
Los lunes pasa la ruta para recolectar la basura,
esos recipientes baratos que nadie quiere lucir.
La respiración tramita un aumento de sueldo
en la ventanilla del sindicato de ardillas voladoras.
En los ojos de las ballenas grises
está impreso el comportamiento humano.

TRÁFICO AÉREO

Aspirar un oso polar y exhalar una bocanada
        de humo
en un solo movimiento.
Fumar es una versión de tráfico aéreo,
todo glaciar fue antes una maqueta de aire
con los bordes sostenidos por las fábricas
de la filantropía del hielo.

Respirar es el mercado negro
de los que roban las ofrendas de las iglesias
        sin construir,
origen de las turbulencias que doblan los papalotes
sin explicar por qué.

El último controlador aéreo de las bandadas
aún dibuja aviones de papel
y se los traga enteros para entender los pájaros,
al menos por digestión.

Siempre es más sencillo seguir los malos consejos
para ordenar las notas de muerte
que dejan los glaciares al pie de las ventanas,
los océanos son coartadas para ocultar
los cuerpos de la ornitología,
mantenerlos lejos de las torres de control.

SABUESO

El perfume que dejan las sombras
cuando se alargan sobre el suelo,
el inicio del color gris
derramando naipes apagados río abajo.

El aroma que se abre en los llavines recién
        cortados,
en las llaves que inician la temporada del agua
que no se encuentra preparada para fluir
        en público.

El olor que hace a los perros
seguir el rastro de la tristeza
mientras la tristeza aprende a ladrar
dentro de las correas vacías en las tiendas
        de mascotas.
El olfato que se da en las tierras altas,
de difícil acceso,
limitado a pocos centímetros de acantilado,
el duplicado del rastro de las cosas que ya no están,
los muebles que se han acogido a su pensión,
las sombras que ya no necesitan las barricadas
para tragar la luz.

Archipiélago

Los artículos que se quedan en los bolsillos,
anclados como la basura que debe quedarse
    sin recoger,
los desechos que lleva el mar a la costa,
lo que barre la tormenta
por debajo de la piel de las visitas.

Mientras no sea posible inventariar las uniones
entre la escolaridad de las almejas
y lo que lleva al retiro de los pájaros
en plena temporada de migraciones,
será más sencillo recoger hojas
en las calles sin preguntar el vuelo,
sostener la mirada entre extraños
para que se rompan en partes iguales
las semillas de las cosas que crecen hacia adentro,
grabar en la lengua el sonido
de los islotes que dejan la manada.
Muchos tenemos un origen volcánico
entre cada secuencia hacia el lavado de dientes,
islas unidas y ampliadas como dados sin amaño,
que no soportamos tener los ojos abiertos
al mismo aire con la boca sucia.

Muchos de nosotros llevamos ancestros
del mismo lado muerto de los continentes,
arrecifes con océanos a crédito,
acumulaciones de piel en las costas sin reclamar.

LOS DÍAS HAN VENIDO EN EFERVESCENCIA

Los días han venido en efervescencia,
como la espuma que negocia una muerte digna
para las olas alargándose sobre la arena,
entrecortadas, retazos, bordes desafinados
que pulen las cejas de la edad
que llevan las cosas con nombre incorrecto.

La respiración en estos días ya no es personal,
es un árbol que taladra los túneles
que llevan a sus días de recreo a los globos de helio
de los vecinos que no saben ahogarse.

Para rellenar de concreto las alas que nadie reclama
en las últimas líneas de los objetos perdidos,
para tejer las pestañas
a los parques que celebran la lluvia,
para lavar con las manos desnudas
el barro que llevan en los ojos los días
que no se reconocen entre sí,
para dejar impunes a las hojas
que no reconocen a sus árboles,
para resucitar toda la arena que ha muerto
a la espera de mejores espumas
confiando siempre en el mismo mar.

LA BIBLIOTECA DORMIDA

La espalda seca de las palabras
con vocación de arbusto domesticado,
una tal versión promocional,
el aire secando la reciente impresión
continua de las mitades del degollado.

Mientras sean oficiales los poros de los lienzos,
las procesiones con heridas que agradecen
un color con doble personalidad,
mientras eso suceda,
será aceptado el polen de los libros con la boca
       sucia,
los que no conocen las uvas prehistóricas
por estar intentando sacar los ojos de la corteza
del barro que fabrica el frío en las alas.

Para aprender a leer
la forma de caer que lleva por dentro
el orgullo de las hojas del arbusto,
para que no se borren las letras de las fosas
       comunes,
las acumulaciones de portadas
que son las ventanas que han elegido
casas lejanas para imprimir el vacío
entre dos manos del mismo cuerpo.

Para todo esto es necesario sostener
el sabor a muerto propio que llevan nuestras
      lenguas.

Restauradores de arte

Para hallar el par de las líneas al borde del papel,
para reconstruir los juguetes desordenados
que dejan tras de sí las tijeras que no aprenden
a caminar sin cortar alas,
dos manos juntas como fósiles de una sola piedra
      sumergida
en el mismo trazo antiguo de pintura,
para estos asuntos sencillos
deambulan en luz baja los que colocan los
      cangrejos
que se resquebrajan detrás
de las ambulancias que no terminan de recoger
      el tiempo.

Para saber cuánta luz se ha caído de los balcones,
cuántos pétalos se recrean en las estrellas
      equivocadas,
para saber la edad del color verde
sin tomar en cuenta la cantidad de vidrio necesaria
para fundar un vaso vacío,
para estas asignaciones de rutina
se han citado como de costumbre los impulsos
      suicidas
que corrigen ya descalzos al final del día,
todo el arte empuñando la oscuridad
como un asunto que se escurre entre los dientes.

EXOESQUELETO

Aún no existe un animal o pararrayos
que coleccione nuestros huesos
dentro de un recipiente
de vidrio común.

No caminan por la ciudad
esperando encontrar,
por azar o por las alcantarillas
que estrangulan la lluvia,
algún hueso con forma de profecía,
algo que vista de fe
la última bandera pirata,
el fósil transparente de la sangre fría.

Ante el miedo, la invasión
y los meteoritos,
nosotros respondemos
con el sonido que lleva la sangre
cuando rompe las arterias
de los atardeceres
que nadie fotografió.

Ante el miedo, la invasión
y la violencia de un mercado
en ropa interior,

los moluscos cubren los objetos extraños
con sangre de estrellas,
con la saliva que se usó
para resolver el primer discurso
que separó el fondo del mar
de los cementerios.

Las perlas son una especie
de bala de cañón,
la evidencia de un asesinato
en defensa propia,
el alma del mercado negro
del precarismo oceánico.
En el precio de la joyería,
en las letras pequeñas
se encuentra la descripción de la denuncia del
        molusco:
invasión de la propiedad privada.

Nosotros caminamos por la playa
esperando encontrar conchas
para recordar el mar,
quizá algún otro animal o pararrayos
coleccione nuestros huesos
para recordar con placer
que ya no estamos.

Astillero

En las mueblerías más antiguas
de las ciudades,
la madera está indispuesta.

Una mesa en media casa
no está puliéndose de sal
en el lomo inconforme del océano,
ya nadie la hace creer
en los barcos de papel.

Hay fábricas de barcos ocultas,
se encuentran lejos de las costas
para pasar desapercibidas,
para sobrevivir
lavan litros de mar
en negocios muy comunes,
en los sótanos de las iglesias
se han encontrado
en su sala de gálibos,
donde trazan en el piso y las paredes
los perfiles, las brazolas,
los baos, las cuadernas.

Cómo saber que los centros comerciales
no son astilleros,
que en las madrugadas

no reúnen todos los escalones
y sacan el acero de todas las paredes,
preparan la cena
para toda la tripulación
en el food court
y a la mañana siguiente
devuelven todo a su lugar
y así nadie lo percibe.

El nivel del mar no dejará de crecer,
es su forma sincronizada y lenta
de ir en busca de las gaviotas de pueblo,
de los naufragios desempleados,
de todas sus imitaciones
con la autoestima de las piscinas.

Quizá una astilla
clavada en la palma de la mano,
sea el mensaje
que no se pudo embotellar.

Fobia

Tres aspectos componen los recuerdos,
el visual, el sensorial y el auditivo.
El autorretrato del alma en días festivos,
el sexo en braille del océano contra el fondo
        marino,
el canto de las ballenas
que enciende en fosforescencia
el plancton desde antes
que aprendiéramos a parpadear.

Algunas fobias no guardan relación
entre el efecto y su origen.
La aerofobia no dejó el ombligo
en la ingravidez de las gotas de agua
en el espacio exterior,
su acta de nacimiento
no es el avión de papel que usan los pájaros
para envolver su desayuno.

La hematofobia no es el deporte favorito
de los vampiros fuera de época,
la sangre se adhiere a los árboles genealógicos,
confunde las heridas
con el filo de las olas.

Hay quienes dicen que respirar
no es la ansiedad que más avergüenza al aire,
que la velocidad de la luz
no es la forma de huir más sencilla que
        encontraron
los pedernales después de desconocer
la paternidad del fuego.

Aún no existe quién se atreva a explicarle
la claustrofobia a las tortugas.

CUIDAR EL FUEGO

Al fuego deberían
traficarlo en lingotes,
fundirlo en crisoles de venta de garaje
y vestirlo con su desnudez gaseosa
pero contenida.

Apilarlos uno sobre otro,
esconderlos en las fogatas de playa a medianoche,
pasar las aduanas
dentro de las maletas
que llevan las chimeneas pensionadas
que recorren el mundo.

Deberíamos poder envasarlo
dentro de los árboles,
aserrarlos y armar mesas
con una cola de cometa
permanente en las patas.
A los troncos que se asemejen a un agujero,
dedicarlos a tallar soles abreviados
para sostener las esquinas de las ventanas.

Se deberían promover
los asilos para los fuegos eternos,
visitarlos en fines de semana

y sacarlos a pasear por el jardín,
mientras nos repiten
las historias de sacrificios
con los que se alimentaban en su niñez,
acompañarlos en lo senil
de la incandescencia.

Al fuego lo mantenemos cohibido,
los extinguimos sin meteorito,
le negamos el oxigeno
de la respiración artificial,
lo torturamos en fórmulas,
es un dios con su negocio en quiebra.

Existen leyendas urbanas,
se cuenta que aparece intermitente
en la fricción de dos cuerpos
como dos pedernales
aprendiendo a hablar con ambas bocas cerradas.

Cloroformo

Un pañuelo color blanco de utilería
junto a un guante con el pecho negro,
de relleno el personaje que atraganta
el guion que aspira
a ser pintura exterior de iglesia medieval,
el líquido que hace pensar en la humedad del
      pañuelo,
la presión sobre la cara de la víctima,
tres inhalaciones que llevan al vacío
de un sueño de libélulas prehistóricas,
nadie practicó que el efecto
tardaba de dos a cinco minutos,
ese tipo de ligerezas no tienen pasaporte
en las secuencias policiacas que buscan
qué hay por debajo de la camisa de fuerza
de la oscuridad.

Los guantes lustrados por el lomo de un toro
luego de entender lo que es un matadero,
el cuadrilátero rodeado por las fronteras paralelas
que se recogen del suelo
luego de desnudar un violonchelo,
el sudor mutuo como el lubricante
que permite la fricción de las placas tectónicas en
      celo,
todo nockout por la vía del cloroformo
es una pelea arreglada.

La anestesia del cine con sangre blanco y negro,
si me deben llevar a tientas
por los túneles secretos del contrabando de
  las cirugías,
que me duerma la mano del asesino
con su pañuelo enfermo de cloroformo,
que me despierte el humo de las apuestas
después que el campeón haya fumado
sus guantes en presencia
de la cuenta regresiva manoteando la lona.

Congruencia de un sastre

Hay zonas del cuerpo
que no son congruentes con el alma.

Mi rodilla izquierda
definitivamente pertenece
a otro episodio.
En los días en los que nadie sabe
dónde está la luna,
dónde se guardan las lenguas
que afinan por dentro a las guitarras,
mi rodilla izquierda
busca su propia república,
caparazón de una tortuga marina
que va cociendo a cuerpo
las costuras de la superficie del océano.

He visto quien sostiene una llave
y esa no es su mano derecha,
al final de ese brazo deben estar
las teclas del piano
que deletrean a ciegas
los asuntos privados
de los árboles a medianoche.

La última vez
que tomé mi alma de sus puntas,
le probé el traje de mis poros incongruentes,
busqué la sincronía de mis órganos,
orquesta sin ensayos conocidos,
más bien parece
la primera cita entre los que saben
decirse al oído los espacios entre las alas.

Esa última vez
hubo extremidades sin cubrir,
puntas del alma al aire,
como tela que le sobra a los volcanes,
como cráteres bien hechos, delineados,
la sangre asomándose
a cielo abierto.

Migraciones

He comprado un paquete
en la agencia de viajes
de las aves Becasina,
saldremos en bandada regular
de Alaska a Nueva Zelanda,
serán 7 días sin escalas.
Llevo toda mi vida
preparando las maletas de viento
para iniciar al otro lado
la hidroponía de las ciudades
con demasiado asfalto sobre las alas.

Hemos practicado migraciones urbanas.

En las oficinas se descarga
el reloj circadiano
y camino a casa
los demás peces nos observan
como al desertor más arrítmico del cardumen.

Los inmigrantes siguen un rito eterno,
el mismo instinto de las bandadas
cruzando miles de kilómetros,
cómo explicarle una frontera
a un ave migratoria,

cómo pedirle modales al agua
dentro de un vaso, de las fuentes
y luego advertirle por dónde seguir
rio abajo.

Seguimos un movimiento sincronizado,
la danza fractal
de los quarks con la policía de fronteras,
de las naranjas con la forma del pelotón de
ciclismo,
de las hormigas desafinadas con los satélites,
de los grillos en la madrugada
con los violines en sus cajas
y ambos con el sonido
que desprenden las galaxias al rozarse
sin vínculo emocional.

Al final todos
terminaremos siendo palabras.

LLUVIA ÁCIDA

La lluvia es un laberinto sin paredes
construido de puertas abiertas,
una tribu unipersonal
con el agua embotellada
como su propio himno.

Para inaugurar un altar
se han dividido la lluvia,
el aire seco
en la esquina más callada del miedo,
al fondo,
el ruido de todas las gotas
que se rompen las piernas
sobre cualquier superficie,
en medio,
se envuelven en la melodía
que lleva la tarea del casting
para los sueños
de los recién nacidos.

La lluvia es un tejido
que no todos saben vestir,
no se puede vigilar una ciudad
que trata de domesticar la lluvia,
drenajes, asfalto, techos,

con paraguas, con impermeables,
con los reportes meteorológicos
que sostienen el fondo de los vasos,
con esa tierna intención
de traducir un bosque lluvioso
en un manual de bolsillo
para la hidráulica.

Es un animal
que lleva en su vientre
todos los árboles
que no desean nacer
sin la tumba que merecen.

La lluvia es una orquesta
que recluta a todos los rechazados
de las escuelas de música.

Locura

Alérgico a las reuniones masivas,
no resisto otra piel,
evito el espejo,
de alguna manera desdoblada
me hace sentir acompañado,
sospecho seriamente de parpadear,
caricia ocular no deseada.
Soy de los que prefiere respirar a solas.

Devoto de seguir todos los consejos,
lo abrazo todo,
el amor recién nacido,
las despedidas ajenas,
la sangre que decide abandonar mi cuerpo,
abrazo los árboles sin saber si están de acuerdo,
abrazo el hongo de gas cuando se tornan
        nerviosas
las bombas nucleares.

Acepto el exilio sin prescripción médica,
he construido un refugio
detrás de las tardes que lucen iguales,
colecciono las conversaciones
que no deseo escuchar,
las reproduzco en el tocadiscos
adicto a las pastillas anticonceptivas.

Se espera que siga las líneas marcadas,
en las calles, en las leyes,
en los códigos de barras,
en las cebras antes que desaparezcan.

Pero todo esto no me suele
pasar a menudo,
la mayoría de las veces
respiro en orden,
me visto según la ocasión,
doy los buenos días,
llevo mi cuerpo
por el relieve de las buenas costumbres.

Reconocer el límite exacto
entre los tesoros de la sombra
y las herramientas de la luz,
es la religión donde equivocarme es una
bendición.

Endémico

Las manos más suaves de la cantera
y el número de dientes de un cocodrilo adulto,
han decidido inaugurar una isla.
La han fecundado al unir
la primera piedra de la construcción de un vaso
con la soledad muy disuelta que viaja en círculos
en los desagües de las ciudades menos visitadas.

Le han enseñado a hacer playa
aprovechando la humedad que sobra
luego del sudor que afila los pómulos,
los muslos, los bordes de las sábanas
de los hoteles que no reciben amantes
desde hace ya dos glaciaciones.

En sus años de educación
ha presentado comportamientos poco sociables,
siempre fue una piedra con futuro.
Decidieron darla a luz como un asteroide
que encargó por internet el ancla
en un viernes negro pasado por agua.

Luego de nacer y de darle nombre de tormenta
       tropical,
riegan sus tierras con claveles de inclinaciones
       suicidas,

esos que eligen esconderse en la sangre
de las especies extintas.

Ya con la adultez en sus costas,
en sus autopistas botánicas,
sus rascacielos de espuma.
Se han dado avistamientos en la isla
de especies endémicas,
peces de aire dulce,
puentes de latón que existen
antes de las trompetas con sordina,
la suerte es una dama
con la cual no guardo buenos términos.

Arpón

Pesca de humo,
el cigarrillo adherido a los labios,
la presa confía en la inutilidad del arma
y disfruta consumirla lentamente,
por esto no va a morir dice
y esto lo escucha el tabaco.

En Tanzania, hace unos dos millones de años,
a la pescadería se asistía
con un hueso afilado por las nubes de la tarde,
unas veces un pez a la vez
otras veces solamente
una sopa de agua salada,
el caldo de cultivo
para reescribir el hambre.

Cómo saber que el fémur
no es la estrategia perfecta de arpón
para mantenernos siendo
nuestra propia presa
sin presentar resistencia alguna.

Nadie se imagina una ballena
con una diana tatuada en el lomo
y un ebrio lanzando la luna
sin haber anochecido.

Los arpones han aprendido a camuflarse,
a pasar los controles en los aeropuertos,
a no ser catalogados como armas,
se esconden en los cuchillos de cocina,
en los palillos de dientes,
en los saltos con garrocha,
en los bastones de los ancianos,
en los tubos que sostienen las cortinas
de las salas de espera de la ansiedad sin construir,
se atrincheran en el lanzamiento de jabalinas,
quién se atreve va a desconfiar de los peces
        espada.

Receta abierta

Para mantener el ritmo cardíaco
siempre hemos tenido la mala costumbre
de usar el lado desafinado de la luna.
Para lavarnos los ojos en días secos,
hemos empezado a tomar pastillas de libre venta,
rellenas de las ofrendas de paz
que quedaron luego de secarse las puntas
de las estrellas al salir de las peluquerías
más baratas de la ciudad.

Las recetas de venta restringida
son un asunto exclusivo dentro de los solos de
 trompeta,
cuando el aire se escasea y las vibraciones
se imprimen en las paredes mal pintadas.

La salud de la eternidad no es un asunto por
 resolver,
nosotros que vemos la falta de respiración
en el cuello sin nombrar del agua,
que consideramos de la familia a los árboles sordos,
a los placebos con nombre de pólvora húmeda.

Ahora que vemos consejeros en las puertas
 clausuradas,

en los idiomas que no entendemos,
en la fecha de vencimiento de la siguiente ola.
Ahora que buscamos tomar más agua
de la que podemos nadar.

Photoshop

La pintura como camuflaje del lienzo en blanco,
las alas que no nos dejan saber
que el aire no sabe volar,
los supermercados
obligados a empacar el hambre al vacío,
las ciudades como tatuajes
de un suelo bipolar,
las caricias tapizando
la piel que finge estar desnuda,
los inviernos que no comparten
el calor de la sangre venciendo la nieve,
las palabras escritas
defendiendo la coartada de la página en blanco,
el interrogatorio de las luciérnagas
en el cuarto oscuro,
la bolsa de compras de las buenas costumbres
enlatadas con las manos en la nuca,
la condena de las hormigas
que con su trabajo
mantienen líquido el centro de la tierra,
la libertad bajo palabra
de las señales de humo,
la inocencia del móvil del crimen
balanceándose en el columpio
de un jardín de niños clausurado,
los juegos infantiles
corregidos por la tristeza,

la censura que lleva el atardecer
por imprimirse tras montañas equivocadas,
el contrato del maquillaje
con las cosas que no quiere mostrar la piel,
el formato para retorcer la realidad
en busca de parecerse más
a nosotros mismos,
lo que medita el camaleón
en una tienda de pinturas.

Segundo vuelo
Retratos ovíparos

Zazel

Mujeres como ella
son tan frecuentes
como el big bang,
como el domador de libélulas
que pasa desapercibido
en la multitud repetida de los mercados.

Antes de los cinco años
ya traducía con la planta de sus pies
la cuerda floja por encargo,
no se ha visto aún
algún juguete capaz
de distraer al águila
cuando decide pronunciar
una línea recta hacia su presa.

Para no perder ritmo
perdió interés en las águilas,
en los sonajeros, en los cuentos para dormir.
Se matriculó con los ojos vendados
en el ballet, gimnasia y trapecio a sus seis años.

A los doce años
hizo su primera gira con acróbatas.
Siguió el estándar de la edad,

siguió las reglas de la academia
que convenció a los pájaros
para atarse a una pasarela
por su propia voluntad.

El acto del hombre bala nació con una mujer.
Con catorce años, Rossa Matilda Richter,
atragantó de arte un cañón,
y partió el aire del Royal Aquarium en Londres
en un cardumen de mariposas afiladas.
Era el año de 1877.

Ya ebria de orugas se dedicó a la ópera.
En 1903 demolieron el Royal Aquarium.

Rossa Matilda Richter, conocida como Zazel (1863-1937). Primera persona en realizar el acto circense conocido como el Hombre bala.

ERIK WEISZ

A los siete años la muerte visitó
con su cara de sparring el río donde se bañaba,
ese día conoció el límite entre la oscuridad
y el agua fresca luego de la campana del primer
        asalto,
ese día no murió,
ese día aprendió el ritmo
entre la respiración y el último aliento.

Sus papeles declaran
que nació en el imperio austrohúngaro.,
Esa es la versión oficial para la prensa,
estos tipos vienen al mundo
en vagones separados,
a través de túneles oceánicos,
los agujeros de gusano
que unen las camisas de fuerza
con la cámara de tortura China.

Aún ofrece cursos libres de metamorfosis,
lleva las mariposas como apóstoles,
en 1926 inauguró su academia de tejido,
esas que usan para sus ritos de iniciación el
        desactivar
las bombas nucleares con déficit atencional.

Pero aún hay quienes prefieren creer que en 1926
tuvo la delicadeza de cometer
el acto común de morir.

Después de escapar de cajas fuertes arrojadas
        al mar,
de todo sistema para atar su cuerpo,
baúles cerrados con candados,
de su nombre lanzando una letra i
como un dardo que cierra los acantilados recién
        leídos.
Después de todo esto
le declaró la guerra al espiritismo,
cualquiera tiene derecho a buscar un pasatiempo
luego de cumplir su jornada.
Así es mejor celebrar el 31 de Octubre.

Erik Weisz, nombre verdadero del ilusionista y escapista Harry Houdini (nace 24 de Marzo de 1874- muere 31 de Octubre de 1926).

Pabru Presberi

Allá donde las ciudades
que encarcelan al sol en los semáforos,
en medio de la trampa de caucel
que se atragantó con la sangre
y al otro extremo
las escotillas donde el verde
disfruta sus segundos de gloria.
Allá donde todo eso no es necesario.
Allá las bandadas
no necesitan una secuencia de colores
para saber en qué árbol detenerse
a fabricar el viento de nuevo.
Allá donde se construyen las casas
siguiendo las costuras
que unen los bosques primarios.

Solo en ese lugar es posible el *Blu*,
el único que en su mano derecha
sostiene plumas de Guacamaya,
en su mano izquierda
los 21 gramos que dejan
el cuerpo al morir
y al unir sus manos y besarlas,
nacen temblando los agujeros negros.

¿Cómo cambiar ese poder por una cruz?
Cuando es normal escuchar al puma
tejiendo galaxias
en su tiempo libre,
no es fácil confiar
en el árbol talado del diezmo.

Su lengua de lanza bribri
no delató a su pueblo.
Los que lo juzgaron no sabían qué hacer
con el jefe de las lapas
que viene del lugar
donde corren las aguas salobres.
La única forma que encontraron
en su nueva religión
fue cortarle la cabeza
y adornar con ella lo más alto,
así todo el pueblo entendió
la impotencia de la nueva fe.

Talamanca aún existe
y ésta es mi manera
de celebrar el 4 de Julio.

Pabru Presberi o Pablo Presbere (nacimiento alrededor de 1670 – muere el 04 de Julio de 1710). Líder indígena que luchó por su pueblo Talamanca en Costa Rica.

NUMISMÁTICA

La mejor moneda
está hecha de hielo,
terca aleación:
dos partes de un glaciar
que se marea en las bañeras,
con una parte
de las piedras que han pulido
el dorso de todos los ríos.

Los coleccionistas
guardan agua en todo lugar posible,
baldes llenos, cisternas transparentes, en el
        cuerpo.
Incomprensiblemente
llevan años intentando
criar una ballena en la parte trasera de las casas.
Acuñan monedas
y consideran el vapor de agua
como un ángel caído.

Los numismáticos memorizan
la anatomía de los lagos,
con cuchillos recién nacidos
rebanan sólo el anverso,
fabrican los billetes

que también existen sólo en el hielo
que sostiene la economía de las semillas
dentro de las frutas de temporada.

Un día que nadie recuerda
fundieron todo el metal de las monedas de
        siempre,
agregaron los billetes enfermos de papel,
vaciaron sin dudarlo
las entrañas de las criptomonedas,
mezclaron todo
durante dos siglos y medio
para encontrar que el mejor troquel
estaba en los moldes para cubos de hielo
que traen de fábrica las neveras.

Las mejores marcas de ensayador
las llevan los copos de nieve
en el reverso de los submarinos
que tienen fobia al agua salada.
Eso todas las luces ultravioletas lo saben.

Con el agua al cuello

Busco el traductor adecuado
para desenvolver
al tío menos querido de la familia.

Un tipo básicamente de agua.
Una mascota de hielo,
con los brazos cruzados
en señal ambidiestra de armonía.

Pocas veces logré
entenderle alguna idea,
las apilaba como botes
con las cuerdas entretejidas
a la orilla de un vaso con agua.

Su mapa predilecto
estaba en blanco,
cargado de rutas corregidas,
buques disfrazados
de bailarinas de ballet retiradas.

Sin dudarlo era mi preferido,
intentó muchas veces
enseñarme a fumar,
pude toser menos

con el cigarrillo escribiendo,
como remo para traducir
al tipo de agua,
el de las gotas de sangre en el mar.

GAVITT

Con solo una transfusión de mar
a través de la herida de ingreso aún abierta,
las alas del Caribe encontraron aire posible
en las paredes de su garganta.

Con la donación de sangre
para las escenas del crimen común de los
        cangrejos
que reparten formas con los filos de las piedras,
sus dedos como tenazas que pulieron las cuerdas
que unen dos cumbres boscosas con forma de
        guitarra.

Uniendo la sonoridad que lleva
la corteza de la sal aún en las olas,
las historias enhebradas
con los años que no se conocen entre sí,
el click de su grabadora
como huevo prehistórico que aprende a
        parpadear,
así logró embarcar sus canciones en cassettes,
como las estrellas que deciden
no parecerse jamás a la misma luz.

Viajó por la música sin necesidad
de fuselaje para hacerse a la mar,
derramó el Calypso como el antídoto de un
        veneno
que no se detecta en las carnes de asfalto curado
bajo un sol común.

Walter Ferguson nunca necesitó
la industria de las repeticiones
para traducir la eternidad en las grabaciones
en el barco de su casa,
colchones en las paredes para aislar
el naufragio de los bronceadores,
gallinas puliendo el aire,
perros dirigiendo el coro
del abismo del Caribe para enterrarse,
el capitán decidiendo hacia dónde cantar.

Walter Gavitt Ferguson (1919-2023). Conocido como el Rey del Calypso (género musical), Cahuita, Limón, Costa Rica.

Sparring

Ellos estaban convencidos,
su mejor versión siempre seria
el sobrevivirse uno al otro.

Ella practicaba el mejor boxeo posible,
guantes desgastados,
marca algodón de azúcar.

Él con vocación de pistolero,
de los que llevan el blanco
detrás de las balas.
Balas sin uso conocido,
marca confitería de pueblo.

Jamás se ha visto mejor estrategia
para entregar la próxima herida,
con esa extraña afición
de esperar el momento adecuado,
para un gancho al hígado,
para disparar un agujero
hacia la bala correcta,
para estrenar la cicatriz de moda.

Él camina tranquilo,
contando los pasos para el duelo,

con la misma certeza
de saber el lugar exacto
en el que caerán todos los rayos
de la siguiente tormenta.

Ella espera en su esquina,
repasando los movimientos entrenados,
como la mariposa que sabe
cuántas alas se requieren
para vaciar por completo el viento.

Ritual de equilibrista

Antes de despertar
manda a barrer todo el aire,
a empacar los puentes colgantes,
cualquier tendedero
puede ser sospechoso.

A solas teje su cuerda
usando solamente
las cosas que se pierden
en las mudanzas.

Elegir la distancia correcta,
la altura suficiente,
ese espacio donde el viento
recicla todas las alas,
donde monta su venta de garaje
para deshacerse
de las orquídeas que ya no usa,
de los rascacielos
que ya no van con su edad.

Avanza con un pie luego del otro,
con el ritmo que llevan
las maletas perdidas
en los aeropuertos,
controla la respiración.

No usa red,
prefiere las bolsas de aire
que se donan luego
de los accidentes de tránsito.
El equilibrio lo encontró de niño,
en la disección de un pájaro.

Francotirador

Boca abajo,
simulando una causa perdida,
de niño soñaba con ser astrónomo,
eso recuerda
cuando elige el blanco,
cuando una estrella
parece un agujero enfermo de luz
en la oscuridad.

Nadie lo ha visto,
lleva tres reencarnaciones
buscando el ritmo de respiración
que saque a pasear
al centro de la Tierra
por voluntad propia.
Él mismo firmó
su reporte de desaparición
con un agujero.

Trata a sus balas como familia,
conoce sus diferencias de peso,
de humor,
separa las que padecen de vértigo
de las que asisten a terapia
porque se sienten perdidas.

No confía en la densidad del aire,
en la temperatura
que usa de camuflaje al aire,
a novecientos metros
la gravedad elige
siempre el bando equivocado.

El cambio climático de la respiración
tiene extintos
a los objetivos para disparar.
Si alguien pregunta,
ya se conoce como nacen los ojales,
las perforaciones en los lóbulos,
los abrazos sin agujero de entrada
y con muchos de salida.

HECHICERÍA

Preparación:
a la hora acordada nos reunimos,
como equipo de nado sincronizado
que no sabe nadar hacia afuera.
Hemos traído lo acordado,
bolsas llenas de materia oscura,
gatos que no han terminado
de resucitar,
ángeles recién levantados, frescos.

Apertura:
existe la intención
de encontrar entre nosotros
un efecto de comunión,
coincidir en el tipo de sangre,
sintonizarnos con la guardería
donde cuidan de día
a los agujeros negros.

Invocación:
hoy todos estrenaremos las rodillas
para suplicar al afilador desempleado
de las lenguas
que traducen las canciones
de cuna de las infancias sin usar.

Ejecución:
a esta altura ya no hay salida,
pretendemos modificar
la religión dormida
con la que hace negocios
la realidad en el mercado negro.

Sacrificio:
ofrecer el alma es un lugar común,
respetuosamente desmembramos
la idea más pagana,
esas que se parecen
a los altares tejidos
con las cosas que recién se han roto.

Cierre:
es necesario deshacer
el ambiente mágico
de los bombillos rotos
para que las luciérnagas
puedan dormir.
Soltarnos de las manos,
que no se levante sospecha,
que los ángeles se terminen de levantar
y todos vamos a fingir seguir dormidos.

GLOBOFLEXIA

Después de la radiografía
el diagnóstico es claro:
me han ofrecido intercambiar
el corazón por un asteroide
aún en órbita
y lo he aceptado.

La discusión en el consultorio crece,
lleva la categoría
de una corrida de toros amateur
con las entradas agotadas.

Han llamado al anestesista
de las supernovas,
al cirujano que mantiene sanas
las costuras de las represas,
ya nadie puede confiar
en los pájaros carpinteros.

Son voluntarios
los pulidores de cometas,
están de turno
los sindicalistas
de las autopsias no invasivas,
sin cortes,

el oráculo de las heridas
vistas desde adentro.
Pero no hay acuerdo todavía.

En los salones de niños,
en las fiestas infantiles,
cuando el payaso
llenada los globos
con polen oscuro,
los retorcía con la sencillez
de los asaltos con arma blanca,
el roce del material
era la grabación original
del frenado en seco
de un auto antes de volcar
y cerraba los actos diciendo:
esto es un perro,
una espada,
los más hábiles
parían un conejo
enfermo de espadas.

Desde esos días
decidí atenderme en luna llena,
a solas,
con una estrella de mar
de la suerte en el bolsillo.

ASESINO EN SERIE

Con la frialdad que se visten
los lingotes de oro
en las bóvedas del abandono,
con las clases magistrales
impartidas por el nitrógeno líquido
en las fosas comunes
de las primeras hormigas
que murieron en nuestra niñez.

Así, metódicamente
hemos elegido el perfil de nuestras víctimas,
que nadie pueda sospechar de nosotros,
pasemos lista por todo lo que hemos asesinado,
aceptemos que nos reconocemos,
todos somos del tipo que parece buena persona,
que entre víctima y la próxima,
deja enfriar el caso,
con tiempo suficiente para justificar
que solamente nuestra sangre
merece un muro de retención,
un monumento ambidiestro
para sacrificar cualquier expresión de vida
que no se dedique a teclear
lo viral de las pantallas
y su arrepentimiento.

Dudo que sumando
todos nuestros coeficientes intelectuales
logremos superar
al salmón nadando estrellas arriba,
educamos a los criminólogos
para que no nos descubran,
para que confundan la sobrevivencia
con leer los perfiles de los asesinos en serie
interrogando al más débil de la manada.

Que las ansias de poder
y las compulsiones sexuales
no levanten sospechas,
no existe mejor coartada
que la máscara de cordura
que nos ofrece ser humano.

HMONG

Alguien ha muerto,
sin importar la razón, edad
o la cantidad de almas en tránsito
entre un árbol analfabeta
y la fosa común
de las iglesias vacías.

Hay algunos preocupados
por el destino del alma recién exiliada.
Es seguro que se cumplirán
todos los ritos acostumbrados,
acorde a la religión
con la que se pintan los submarinos
que aún aprenden a nadar
en el agua bendita que nadie recoge.

Es un buen plan,
pero como plan B
y según los datos encontrados,
en las laderas de algunas montañas asiáticas,
habita una tribu
que baja a los ríos,
recoge manualmente las piedras,
las separa del agua

y de las almas diluidas,
funden las piedras,
así obligan al hierro a huir
del corazón bipolar de la tierra.

Conjuran la forja de las espirales
para aplanar un cuchillo, más bien varios.
Colocan un tronco de madera
que sabe de memoria las oraciones
que aún nadie encuentra o entiende,
en el borde de la ladera lo colocan
y adornan los escalones con los largos cuchillos.
El hijo del sabio de la tribu subirá descalzo
sobre el filo hacia arriba,
sobre las dos mitades de aire
que ya no se reconocerán,
al llegar al último cuchillo,
escalón enfermo de la sangre
que se rehúsa a dejar la trampa de piel,
ahí al final de todo,
saca una campana y la hace sonar,
así se liberan las almas
sin oportunidad de fallo.

El sabio hechicero era el único que conocía la
      técnica,
ya el hijo liberó un alma más.

Alguien ha muerto,
esperamos haya sabido decidir
entre la eternidad superficial
y la superación eterna.
Igual ya teníamos los planes.

Hmong, etnia del Sudeste Asiático. Existe desde hace unos cuatro o cinco mil años.

ORFEBRE

Inicia los días
sacudiéndose la noche de las manos,
se desayuna lo que se presente
y piensa en todos los peces
como cuerpos preservados en agua.

Se dispone a trabajar,
a grabar en relieve
el sonido de la respiración
tomando el pavimento como acetato.

Sus mejores trabajos
los hace sin percatarse,
intenta alguna aleación repetida
y resulta el corazón de un grillo,
la sinfonía de la teoría de cuerdas.

Se repuja la piel desde adentro,
empuja su cuerpo desde sus órganos,
no suele pedirle permiso
al ritmo cardíaco
para darle filo a la guillotina
que separa una a una
las palabras de la boca,
trata de ignorar el sabor metálico
en el paladar.

Ha entrenado a todos los metales
para que se vuelvan sudor
a las temperaturas menos pensadas,
se han visto láminas de plata
levitando líquidas
en presencia de las despedidas,
a los glaciares negociando el frío
con la joyería de los asaltos.

Kampiro Kayrento

El documental lleva el lente
pulido por la arena africana,
por una llanura
a 91 metros bajo el nivel del mar,
ahí el suelo es un pastel milenario,
con filamentos plásticos se peina la arena,
cada pequeño grupo de granos
diluidos entre el polvo comunitario de los cuerpos
        vecinos,
antepasados que tradujeron el mismo fuego,
la misma llama que nos sigue
dictando el lenguaje original
de la combustión del polvo
hecho músculo y polvo de nuevo.

Un solo cuerpo humano
puede encontrarse disperso
en poco más de 4000 huesos
entre las capas del pastel,
capas sostenidas por las caricias que engendraron
los descendientes de las tormentas de arena,
esas que aún buscan su árbol genealógico
entre tanta ceniza sin urna.

No se aprecia a simple vista
pero esa tamizada arena y polvo
es una densidad de cuerpos esparcidos,
no es posible reconocerlos,
cómo reconocer un abrazo muerto,
mezclado con las orejas del sol
que viste una llanura como camisa de verano.

Solamente Kampiro
reconoce que sobre ese trozo de hueso
hubo un labio que enseñó
la humedad en la piel vecina,
solamente él sabe
que un trozo casi sólido, blanquecino,
somos nosotros dentro de 70 mil años,
nosotros sacando a pasear la esencia
en bocanadas de polvo a nuestra medida.

Kampiro Kayrento, habitante de Kenia. Capaz de reconocer fragmentos fósiles de seres humanos.

Tercer vuelo
Aterrizaje en bandada

APNEA

Por pasatiempo,
buceo a pulmón dentro de la película de agua
que deja el hielo al desangrarse
sobre el suelo de la cocina.

Con intenciones vikingas,
los amantes continúan el buceo libre
en las arenas movedizas adheridas entre sus
        piernas.

Por razones inconclusas,
somos animales sumergidos
en la cavidad flexible que existe entre el aire
y la sangre que huye en círculos hechos de
        la tibieza.

Para volver de las inmersiones más peligrosas
al fondo de los ojos que lleva la sal
cuando está lejos del agua,
sigo la guía tejida para sostener mis zapatos.

Por asuntos personales,
la muerte pliega sus alas para confundir
la falta de respiración con la erosión del último
        aliento
de las gaviotas de pocas palabras.

El intento más triste lo carga el mar,
lleva milenios sumergido en el aire y aún no
    regresa.

Tienda de pinturas

Muchos años después la tradición aún continúa,
cualquiera se topa de frente
con el color rojo que cayó sobre un sombrero
y no percibe al árbol recién heredado
que se puebla de insectos,
ellos le construyen las arterias con los dientes,
ese color aprendió a caminar
de la mano de los herreros de los últimos
    sangrados.

Cualquiera intenta vestirse
con las hojas que caen en los bosques primarios
que descuentan el amarillo
de una cadena perpetua
con garganta ancha de mangas cortas.

Cualquiera pide cuentas
en las ventanillas del banco autónomo
de las aguas saladas,
exige un té para beber la espera
de la hidroponía de las bóvedas
con mucha timidez en las bisagras.
Pero así no nace el color azul,
nace rozando dos pedernales,
ese es el otro lado del fuego.

Cualquiera se ausenta largas temporadas,
se adentra en las prendas de las tiendas,
despide a los maniquíes,
está decidido a encontrar el color verde a toda
 costa.
Confía en usar hilo verde,
enhebrar las promesas de la clorofila,
seguir el camino y encontrarse al final
con un traje perfectamente verde.
Tanto esfuerzo y solamente
debía unir las palabras
en forma de oración incomprensible
y esperar.

Días anónimos

Esos días que no se parecen
a ninguno de los nombrados en la semana,
despertamos con la cabeza transparente,
como un océano recién descubierto
en la pecera que aún no hemos comprado.

En esos días
las mañanas no cargan las mismas horas,
son ese fluido enrojecido,
como estar conscientes del caudal
de la sangre propia,
con las llaves cerradas,
sin heridas aparentes,
con los botes sin alquilar en las pupilas.

Pueden aparecer entre martes y miércoles,
como si fuese una labor casi didáctica,
un asunto de memoria sin lavar, reversible.
Les colocamos el nombre
de cualquier día de la semana,
les probamos la ropa
de los naufragios ajenos,
pero con nuestras propias naves
en baño maría,
como intentar separar la muerte
de su propio nombre.

No suelen venir juntos,
continuos, en serie,
se hacen más bien a mano,
como sumergirse y besar el agua.

DE QUÉ MUEREN LOS MAGOS

Hemos buscado en la filosofía de las llamadas
    perdidas.
Hemos buscado en las recetas de la comida
    preparada.
Hemos buscado en los reportes
del investigador privado
contratado por un sueldo de arena,
y aún no encontramos
de qué mueren los magos.

Hemos intentado elegir mejores oficios,
confiar en la acumulación de cuentas
que perfuman de santidad los números primos,
hemos licuado la botánica
con la estadística,
con los cuadros de paisajes del realismo,
pero cuál es el árbol genealógico de la eternidad.

Nos volvimos adictos al rumor de los grillos
    que forman
el eco de las bocas rotas en dos labios,
pero aún nadie publica
la noticia que le rompió el corazón al último
Velociraptor.

Buscamos los antecedentes
de la felicidad lejos de las ciudades
con demasiadas salidas de emergencia,
pero aún nadie quiere aceptar
lo que pone de buen humor a los asesinos.

Hemos aceptado la salida fácil,
las explicaciones para la antigüedad
de la sal atorada en las lágrimas,
la impunidad de no saber cuántos
conejos entran en el sombrero del universo,
la tasa de delincuencia de las promesas a sueldo.

Animales de asfalto

Los edificios son cubos de hielo con la piel reseca,
trampas para osos alérgicas a los peluches,
las rutinas de resolver las ventanas
para recibir el sueldo de clase media del atardecer.

La minería de la ropa interior de los icebergs,
las rutinas correctas, la ejercitación de las pestañas
para rebanar la mirada.

Cuánto de casa llevan las paredes del autobús,
cuánto de transporte público llevan las puertas
de las casas que no nos dejan salir a tiempo,
la sencillez de saber en cuál señal de alto
hay que empezar a caminar.

En las vísceras de los avestruces que saben volar,
se guardan bajo tres llaves sincronizadas,
las instrucciones para saber dónde
colocar una calle en los puntos cardinales del
        universo.

Hemos nacido a gusto en casa por cárcel,
consideramos el mundo exterior
como una mina anti personal

que no dejamos de caminar,
nos merecemos cada techo que nos cubre de
      la lluvia
y nos esconde del cielo.

Las ciudades se diseñan ambidiestras,
se dibujan con las líneas que sobraron
luego de corregir las esferas precolombinas.

Sin especie

Es difícil saber que uno es de una especie
sin saber que esa especie existe.
Esto me sucede a menudo.
Me dedico por vicio a los rompecabezas,
a coleccionarlos sin armar, con la caja sellada.
Los de portada con un ojo de arena,
arena con la mirada borrosa.

Llevo un horario abierto, un anfibio con la
       garganta seca,
remojo el tiempo libre en lagos de dudosa
       procedencia.
Llevo adheridos pasatiempos que no deben
       incluirse
en cartas de presentación:
amarrarme los zapatos en forma
de bandera sin país reconocido,
guardar un pasaporte de la Antártida
en una nevera sin usar.

Busco alejarme de la acumulación
del polvo ahorcado bajo las alfombras,
de las gaviotas que consideran que la guillotina
no es suficiente para separar una cabeza de su
       cuerpo.

Días libres

Somos un pequeño grupo
dedicado a la fotografía espiritual.

Un grupo con poca frecuencia
para las reuniones formales,
preferimos el anonimato en conjunto,
somos un cardumen desgastado
que finge no reconocer las escamas del jardín
        vecino.

Este grupo es interno,
con sus agendas llenas de lentejuelas opacas,
alérgicas al neón del atardecer.

Sus requisitos de ingreso,
su hoja de afiliación,
son registros que no guardan congruencia,
se parecen más a la forma que tienen los árboles
para sostener sus hojas antes de la vejez,
que a los libros sagrados corregidos
por sanguijuelas en sus días libres.

Este grupo lleva nombre personal.
Caminamos dentro de nuestro propio caballo de
        Troya,

soldados con muy poco asombro
para morir bajo el mismo color de los tejidos a
 mano,
esos que se consideran órganos
con un puñado de grillos sordos por dentro.

NUMEROLOGÍA PARA PRINCIPIANTE

Llevo una extraña alergia
a los números pares,
aún así
los abrazos en singular
no me resultan de la familia.

Amo las cosas
que no se dejan contar,
las gotas de lluvia
que han caído
aún antes que existiera el agua,
el aire compartido
que anda suelto de madrugada
aún después que los cuerpos
hayan dejado de existir.

Amo las cosas
que bajo amenaza
se dejan contar,
los números que se afinan
en los cuellos de los cisnes ambidiestros,
los años que ha tardado
en desvestirse la tristeza.

Me aferro a mi taza de café,
como a un amuleto de la suerte,
así estoy seguro
que los granos de arena
definitivamente son impares.

El metal del costado

Cuando los artículos del lugar deciden irse,
se toman su tiempo,
empacan el hielo aparte de los manuales
para la caza y recolección.
Estamos incluidos en la mudanza,
objetos con los bordes curvos,
a la espera del cartón que se usó
para anidar la tristeza de las madrugadas recién
        nacidas,
esas que aprenden la humedad en lo áspero de las
        calles.

Cuando los muebles están llegando de su viaje,
se ubican en orden, siguen la marea,
submarino que descansa el metal de su costado,
recostado en la arena del gato
que no respeta la luna llena.

Estamos incluidos en la mudanza,
somos aeronaves con el fuselaje de materia
        orgánica,
bebemos por la mirada,
llevamos un aterrizaje forzoso
que une nuestras manos
con lo que deben crecer las hojas
en mejores temporadas de riego.

Cuando nuestras compras
no se parecen a lo desempacado,
todo objeto colocado
tiene vida de vitrina mientras dormimos.

Somos adherencias de celofán
de las cosas que llegan de su viaje
y de las otras que recién se han ido,
como si en las salas de abordaje se pasara lista,
uno a uno de los pájaros que migran detrás
de los que vienen llegando.

PSICODELIA

Al volver del sueño
me di cuenta que desde un inicio
no había llevado las maletas,
cada una de sus manos
es un patrón de difracción
sobre mi espalda.

Ella construye los objetos,
los transforma en ellos mismos,
se sube sobre los colores
y hace de un río
el camino fractal
para la libertad condicional
que se anida en mis palabras.

Ya en el sueño
me di cuenta que llevaba
los boletos invertidos,
sus pasos
son círculos concéntricos,
la hoja de ruta
para que un lienzo
merezca el espacio,
la rotulación a mano de sus ojos.

Ella teje espirales,
túneles para perder
al guardián de los espejos,
la repetición de motivos
que usa el alma
para aceptar sus medidas cautelares.

Desconozco en cuál sueño,
pero me di cuenta
que el hospedaje lo tuve
la noche siguiente,
esa profundidad de detalles extremos,
las manos atadas
en señal de collage.

Espeleología

Hemos iniciado este camino
con las manos recién afiladas,
con una colada de lava
dejando una garganta recién nacida.

Todo túnel es el fósil que dejan
las escopetas nerviosas que han estafado a las
          montañas
con la esperanza de continuar.
Cuerpo adentro,
la respiración excava y lleva un topo domesticado
en su asiento trasero,
los pulmones son las cavidades subterráneas
por donde el diluvio llevó su primera infancia,
esponjas de barro exiliadas,
ya sin revolución para humedecer.

Los agujeros de bala son una vía forzada
para perseguir el perfume de las cuevas,
las estalactitas con zapatos de tacón alto,
toda puerta es una herida que acepta contra su
          voluntad
una aduana de cristal tejida a doble fondo.

Algún día tendremos que aceptar que todo se trata
de encontrar el lugar indicado
para la mudanza de los cementerios.

Lento, así se unen los escombros

Lento, así se unen los escombros
con demoliciones ajenas a la espalda,
todas las caras rotas de una ventana
sin empleo para lucir la dinamita en verano.

Lento, con el tiempo necesario
para cartografiar el suicidio del agua en las
        cataratas,
gastar lo necesario para que la nostalgia
tenga el valor de coser las puertas de todos los
        cines,
pero con todos adentro.
Adentro y sellados con sandías adelgazadas
en las franjas de luz que llevan un duelo
a sangre prestada con los sets de grabación.

Lento, aprendiendo a leer
el braille en las clases de fotografía,
algún mensaje debe traer entre manos un puño de
        arena.
Ya mucha agua ha corregido las piedras.

Lento, se va filtrando el último aliento
en las antenas del caracol,
ya limpio y menos impulsivo,

se guarda en frascos de vidrio,
se coloca en la mesa de noche.

Lento, se van ajustando las cruces al molde del
        metal,
se quejan por el color del enfriamiento,
las grietas que dejan las cosas bien acomodadas.

Luego de ver un huracán pasar,
los reptiles se calibran el corazón.

Combustión espontánea

Viernes, 7:45 pm,
en la silla y el suelo
varios montículos de ceniza,
el resto de la habitación intacta,
no hay testigos.

Viernes, 7:45 pm,
hace ya varios meses
que los detectores de humo
han dejado de fumar,
sufren de náuseas crónicas
con el vapor del té.

En la silla y el suelo,
en los siete minutos anteriores
las fuentes de ignición
completaron la coartada
de haberse inscrito
en la academia más profunda
de buceo al aire libre.

Varios montículos de ceniza,
el abono negado para el secreto
de los árboles genealógicos,
la herencia de una fogata

sin el patrocinio
de una chimenea
adicta al pole dance.

El resto de la habitación intacta,
se dice que había
mucho alcohol en sus ojos,
que toda el agua de su cuerpo
dudaba entre bendita
y la ruta en la silueta de las llamas,
se registra una botella de whisky
invicta en su lugar habitual.

No hay testigos,
sirvan estas líneas
para cerrar el caso,
como la nota suicida
del submarino que tomó la iniciativa,
que descifró el atajo
para volar hacia adentro
en posición espontánea.

LEER LAS MANOS

Para aprender a vibrar,
coloqué la quiromancia en una jaula,
le lanzo ballenas disecadas
hasta que pueda aplaudir.

Para entender las migraciones
busco en el subsuelo del bosque
las huellas que distorsionen con mi mano
       izquierda.

Solamente cuando las mañanas se desnudan
aprovechando las alas que las moscas eligen para
       morir,
esos días todo es claro,
fluyen las piedras que se estancan
en las manos dormidas,
la oscuridad del cielo se imprime
dentro de los árboles más tímidos,
las naranjas encuentran esferas
en la forma de caer
que llevan las almendras domesticadas
y en los mejores días todo parece en su lugar,
las cosas llevan sangre al pie de página.

Solamente cuando los escarabajos
se parecen a su propia forma,
esos días la mayoría de las oraciones
se parecen a las palabras que se han dejado de usar.

Me han quedado pocas ballenas
y han empeorado mis habilidades para disecar,
prefiero leer las hojas de los árboles,
diluirme en su terapia de grupo.

AGENDA DE LA LLEGADA

Han llegado habitantes a punto de derramarse,
con el equipaje sucio,
los tiquetes de una colección anterior.

Han llegado países como arena para un nuevo
        desierto,
con globos de calor suspendidos en la angustia.
Han llegado dealers que conocen las encrucijadas
donde las cruces encuentran su camisa,
como lanzarse desnudo sobre los elefantes
        pintados
y volver vestido de piano en extinción.

Han llegado hermanos y hermanas de distintas
        especies,
avestruces con las alas en los bolsillos,
cangrejos con síndrome de Estocolmo
como barniz dorado,
pinturas al fondo de las galerías buscando traficar
el color por debajo de las subastas,
todos y todas con apellidos diferentes.

Es así como han llegado los asuntos en un
        incendio,
el femenino de los derrumbes.

CONSTRUIR TÚNELES

Antes de la caída de los lamentos,
antes que los laberintos negociaran señales de
 humo
con el carbón restante de un incendio sin
 destinatario
y antes de los túneles que no encuentran cuerpo,
llenos de aire y nada más.

Antes de todo,
alguien deseaba adherir un cilindro de agua a un
 espejo
y amontonar uno tras otro,
hasta encontrar el reverso de los ríos
del otro lado de las manos.
Hemos buscado inyectar aire donde nadie lo ha
 pedido,
no nos encontramos las alas en ninguna zona de
 la piel,
pero nos atrevemos a sembrar agujeros
donde el centro de la tierra decidió
endurecer el basalto antiguo de los temores,
dejar su circulación de palabra adulta
de pocos recuerdos.

Hay túneles en todo,
de los comunes que asoman un costado del barro
al otro costado del bronce de las trompetas
que no buscaban minería vial,
túneles traficando sangre a cielo abierto,
túneles como memoria de las balas
con métodos de negociación de bajo perfil,
túneles que no requieren paredes,
esos que están hechos y cubiertos de aire,
los túneles que respiramos taladrando hacia
        adentro.

Acertijo

Cuando se unen las palabras
de malas costumbres,
las que cargan con vicios
que ellas mismas escribieron,
se congregan en espacios abiertos
para usar de camuflaje los papalotes.
¿Quién educa a las palabras,
las asea, las llama por su nombre?

Las carreras de galgos
mantienen la rotación de la Tierra,
mantienen el hambre intacta
de las jornadas laborales.
Son el monumento
que los arqueólogos ignoran
en las notas corregidas.
¿Cuántas liebres artificiales
se necesitan para alimentar un galgo?

Los vallet parking de los hormigueros
se han adueñado de todo el mercado,
manejan un sistema de estacionamiento
basado en la forma que tienen las gotas
de unirse unas a otras,
hasta que se confundan

las señales de tránsito
con una marea alta.
¿Cuántos espejos retrovisores
se necesitan para darle imagen
a los espejos retrovisores
que nos ven a la cara?

La belleza de las respuestas que no existen
no cuenta con estilistas que las perpetúen.
La belleza de las respuestas que no existen
nos reprime de ser amantes
de los casos sin resolver.

Aeronáutica para escorpiones

Dedicados a la minería que desaparece los
 aviones,
los envuelven en telarañas alquiladas,
los tiñen de polvo,
los llevan tierra adentro,
los dejan fermentar en invierno.

Los destilan en alambiques vivíparos,
ha sido la única manera de preservar la especie.
En asuntos de vuelo nadie piensa en ellos,
en eso radica el éxito, la coartada natural,
mientras se investiga la desaparición,
nadie sospecha de los escorpiones,
de sus hijos a la espalda.

Los mejores venenos provienen
de la descomposición de las cajas negras,
los beben en noches de barra libre,
cuando las constelaciones los tratan de imitar,
cuando están en oferta
los cursos de astronomía para principiantes.

Sus cuerpos brillan en la oscuridad
cuando los baña lo ultravioleta de las noches cortas,

cuando la luz negra se suicida en madrigueras
 ajenas.

Los aviones son los antepasados
no reconocidos de los escorpiones,
con sus pinzas alargadas en posición de ala
enlatada,
con su cola abreviada,
con el veneno como combustible
o como pasajeros,
eso según la temporada.

Metafísica

Aceptaría sin dudarlo
una suscripción a la revista impresa
de las costumbres nómadas,
de las tribus que tejen las neuronas
con el aceite que impermeabiliza las alas.

Existen confusiones aún
sobre el origen de los moldes para las cosas,
para las servilletas, para las miradas perdidas.
El negativo que imprime un pez al salir del agua,
es el molde para las peceras alérgicas a la
          humedad,
la jaula que le impide al whisky
soportar el roce de las botellas.

Ya se han vuelto costumbre
las huelgas de hambre de la morfología,
los estatutos del tiempo
ya se consideran anticuados,
les reclaman la falta de espacio,
la enemistad de los relojes de arena
con la forma de caminar de la eternidad,
ya no es aceptable en estos tiempos.

La posibilidad de aceptar el otro lado de la
        realidad
ya puede diluirse junto al té de las tardes,
lo que existe después de la naturaleza
es el mismo puente que cruzamos
buscando un río que pueda crecer por debajo.

Aceptaría sin dudarlo
una suscripción a la versión digital
de los pájaros que usan las cuerdas de los violines
para construir sus nidos y así fingen el canto
como una casualidad.

Laberinto

El cerebro ante su espejo,
la gravedad huyendo de la atracción,
el veneno buscando la salida fácil,
la oscuridad aceptando
la inyección letal.

Desde la niñez usé el lápiz
y nunca estuve seguro
si cumplía la tarea de seguir
o la de construir una línea hacia una salida.
Siempre preferí
delinear el borde de los acantilados
con el vértigo
de los edificios al demolerse.

Confundo la libertad
con la admiración
por las soledades perfectas,
esa libertad de cometa
atado a una ruta
sucia de materia oscura.

En los barrios bajos
de las sociedades secretas,
se repite constantemente,
las veces necesarias

hasta que se parezca a una fe,
que las respuestas a todos los laberintos
las escriben las serpientes en la arena,
las repiten las balas perdidas,
las almacena el vientre de las espirales
que desea una dieta de alfileres.

El cerebro ante su espejo
y aún no hay respuesta.

UTENSILIOS DE COCINA

Hoy es un día para cocinar algo distinto,
buscar un sabor endémico,
el otro lado del paladar.
Debo buscar la casa recién quemada,
como buscar en los compartimentos
lo necesario para empezar.

Después del incendio,
todo el lugar reducido a trozos quemados a media
        asta,
luego que el exceso de agua
hiciera al fuego tragarse a sí mismo.
Los juguetes perdidos calcinados y repartidos
a luz y sombra en partes iguales.
El olor a ceniza ajena
como estalactita dentro de la nariz.
Ese es mi escenario preferido
para ir en busca de los utensilios
hacia la receta de los días con la oscuridad
        derramada.

No existen mejores instrumentos
para hacer del fondo marino
un lamento que no podamos pronunciar a solas.

Es así como se logran reunir las palabras crudas
con la madurez de las cortezas de los armadillos
que no entienden la paz.
Debo esperar con mucha paciencia
la sequedad de la madera quemada,
un himno con garganta de fogata cegada
para cerrar la temporada de gacelas disecadas en
    serie.

Después del incendio,
al fondo de las oraciones acumuladas y sin
    quemar,
es recomendable encontrar el libro
de recetas escritas a mano
que lleva como herencia todos los incendios de
    la familia
que se tendrán que repetir.

LA SOMBRA

El espacio entre la vibración del aire
y la cuerda del violín,
la piel que crece entre el agua
y la superficie del cristal del vaso,
los pasatiempos que habitan
entre la imagen y la mirada,
el adhesivo que existe entre el segundo que cerró
        las puertas,
el minuto que no termina de verse el cuerpo
y la hora que aún no se puede escribir.
Los pasaportes que usa el alma o las crayolas
para colorear el cuerpo por dentro
o para explicar el espíritu de los dibujos infantiles.
Las fuerzas que sostienen las sombras a los
        objetos
son la religión que evita que la vida termine
antes que llegue la muerte.

La oscuridad es la fosa común
de las sombras ansiosas de estar juntas, de rozarse
        lentamente
para no desprender nada parecido a una caricia, a
una cita a ciegas,
a la fecha vencida del recibo de la luz.

En el país de las sombras
los extraños somos nosotros,
saltamos en un concierto o con otros cuerpos
y al salir
nadie revisa si lleva encima
la misma sombra con la que entró.

Es posible que no exista
una sola sombra
que no se haya mezclado al menos con otra.

La evolución de la sombra
enhebrando la luz,
es aún un ámbito sin estudios formales.

AUTOTUNE

El mapa impreso para huir del tesoro,
papel con las piernas redondeadas,
anécdotas saladas en los lugares que no hemos
      visitado,
amar la sala de espera de las calles sin salida,
amar las desviaciones para llegar al lugar
que buscaremos tres días después o media vida
      antes,
amar usar el mapa de los suburbios de la
Antártida
para completar el crucigrama
de la ventanilla de los objetos perdidos.

Los satélites asisten a consulta médica
con el corazón roto del pole dance
en el asiento trasero de un Mustang 64.

La música que se escucha en un viaje,
el soundtrack del aserradero bilingüe del silencio,
las canciones que no se conocen entre sí
pero que parecieran escritas
por el mismo pasatiempo del taladro de la alegría.

Se han vuelto comunes
las grabaciones de las versiones descartadas,
la vocación de cocer alas de mariposa
a las piedras de río.

Felina

El cielo asegura que inicia y termina
en sus manos, pero no es así.
El agua no sospecha
que en sus ojos
está el manual de la profundidad del mar.
Sus ojos como espadas
contra las espadas de los míos,
espadas que no chocan,
donde gobierna la estática
que impide que un cardumen
no se convierta en un planeta.

Sigilosa aguarda detrás de los días,
la censura que dobla la luz
siete veces en su cabello,
es su emboscada preferida.

Quién va a desconfiar
de la ondulación
cuando se busca
alcoholizar la rectitud.

Me encuentro en el laberinto
de la arqueología de su piel.
La respiración revela
la tibieza en su cuello,

el primer paso antes de saltar
hacia adentro con el paracaídas obstruido
de los ojos cerrados.

Áspera y con el vientre
para dormir un tsunami
en sus malos días,
lleva por pasatiempo
la alquimia de fundir el agua
en el corazón impar de la electricidad.

Prefiere regar el magnetismo
durante las tardes de tormenta.
Usar nuestros cuerpos
como pararrayos.

Evasiva cantante atemporal de blues
que aspira la gravedad
de las mariposas rotas
y rompe con su voz
esas anclas antiguas
que sostienen con las uñas
toda la ropa a la piel.

Somos ambos cazadores,
conquistadores hacia adentro.

EL DÍA DEL TIGRE

El menos letrado de la manada
habla de la fotografía de los días
en los que mueren los pájaros,
la sobrepone a la impresión incompleta
de este instante y parecen ser lo mismo,
la imprecisión la canta
el pronóstico del tiempo por la mañana,
un blues con la trompeta afinada
por mis oídos rotos luego de empeñar la sinfonía
de la peor lluvia del último invierno.

Todos se burlan de la noticia,
siempre es más fácil creer
en la sangre que dibuja el color rojo fuera del
        cuerpo,
en el control de la natalidad
para que no sobrepasen los latidos a la cantidad
        de olas
que parecen ser hermanas en las inundaciones.

La paz de las armas duerme en las garras
de un tigre con sus huellas envejecidas.

El menos letrado de la manada ha dejado de hablar,
humillado por las versiones
que sepultan las fotografías con las cenizas
que nacen antes del fuego que merecen.

Pocos vuelos se parecen a sus pájaros.

El menos letrado de la manada
llena solicitudes de admisión en las bandadas,
en los cardúmenes,
en la producción en serie del buen cine.

Un gato cualquiera,
un felino de escasos recursos,
empieza a usar anteojos como un bozal de
        la mirada.

Lluvia

Hay lluvia común afuera,
lluvia de pronóstico reservado,
lluvia en los albergues
de los desiertos con el corazón
sumergido en bloqueador solar.

Llevamos lluvia detrás de los ojos,
lluvia para lubricar los pararrayos,
el fuego padece de lluvia crónica,
más evidente en los días donde todo
se confunde con un resfrío,
con el manual para que las gotas
no se confundan entre sí.

Se llevan juicios de rutina,
ejecución de órdenes de restricción de la lluvia
en contra de la humedad,
en los cementerios de los paraguas
todo lo entierran con lluvia
de la mala reputación.

Todo está sucio de lluvia,
lluvia dentro de nuestros cuerpos,
llevamos más agua que estrellas,

al regar el césped
la lluvia no sabe si verse al espejo
o aceptar el insulto
del agua programada.

Lluvia debajo de las piedras,
lluvia distraída, lluvia con miedo a las alturas,
lluvia dentro de la lluvia,
lluvia con limitaciones de autoestima,
lluvia dentro de los neumáticos en movimiento,
lluvia sin apetito, lluvia que rellena las brújulas,
lluvia que eligió el bando de la abstinencia,
la lluvia es el cabello
mal escrito del agua.

ACTITUD DE GRAVEDAD

En resumen, la mirada es una red
con los agujeros tapados,
vamos corriente arriba dispuestos a vender
al amigo imaginario,
a cambiar la cena por las llaves
que nacen dentro de los autos abandonados.

Escépticos,
creyendo en la gravedad que salpica los lóbulos
de las mujeres antes de desayunar,
negando las esquinas con pocas oraciones
para abrirle el pecho al hambre.

Somos historias que lleva a cuestas
la oruga en su salón principal de las correcciones.
Periódicos digitales con la lengua de papel
      agrietado,
partido en varias montañas,
trazos de infancia con la muerte prestada
hace ya cinco constelaciones atrás.
Llevamos la rebeldía como un puñal de alquiler,
hoja deslizada entre los labios de los hombres
que se esconden de su propio espíritu de salmo
      inédito.

En resumen, la marea alta se parece a los ojos
 cerrados,
un asunto de cocer a mano agujeros por debajo del mar recién reparado.

LA SOMBRA DEL PÁJARO

Nacer es el espejo del vuelo,
la memoria selectiva
de los aviones de papel con problemas de edición.
Toda huella es la sombra absoluta
arrastrada por la gravedad que llevan por dentro
las zapaterías enrojecidas.

En los días más comunes,
las puertas practican los aterrizajes forzosos,
tratan de cerrar las sombras
separando el aire de las bisagras.

Se vuelve común el caminante que se rasca
la sombra en las esquinas,
huye del medio día y se alegra en las noches
donde las sombras se rascan en sus ojos sin
        medicar.

Morir es un espejo empacado frente a otro espejo,
abrazado con las sogas que dejaron de usarse
en los muelles que destruyen la memoria bipolar
del borde del agua.

Aún espero ver el color de la sombra del mar,
ese espacio que se encorva entre el músculo de sal
y el cráneo del fondo marino.

Cuando un pájaro decide alzar vuelo,
no existe mejor manera
de abandonar la mina personal de su propia
    sombra.

Acerca del autor

Francisco Gutiérrez Araya (San José, Costa Rica, 1978). Realizó estudios en Química, Administración de empresas y Gerencia de proyectos. Actualmete labora en la industria de manufactura.

Inició su camino en la literatura después de los 20 años. Tiene publicado un libro: *Pretextos para sobrevivir*, 2005. Dejó de escribir por un poco más de 12 años, a la espera de una nueva forma, la cual llegó con estos textos.

ÍNDICE

El ombligo de los pájaros

I
PRIMER VUELO
PLUMAJE UMBILICAL

La sangre en las alas · 17
Cetáceo · 19
Cazarrecompensas · 21
El ombligo de los pájaros · 22
Punto ciego · 24
Tres ventanas menos · 26
Antropología · 28
Tráfico aéreo · 30
Sabueso · 31
Archipiélago · 32
Los días han venido en efervescencia · 34
La biblioteca dormida · 35
Restauradores de arte · 37
Exoesqueleto · 38
Astillero · 40
Fobia · 42
Cuidar el fuego · 44
Cloroformo · 46

Congruencia de un sastre · 48
Migraciones · 50
Lluvia ácida · 52
Locura · 54
Endémico · 56
Arpón · 58
Receta abierta · 60
Photoshop · 62

II
SEGUNDO VUELO
RETRATOS OVÍPAROS

Zazel · 67
Erik Weisz · 69
Pabru Presberi · 71
Numismática · 73
Con el agua al cuello · 75
Gavitt · 77
Sparring · 79
Ritual de equilibrista · 81
Francotirador · 83
Hechicería · 85
Globoflexia · 87
Asesino en serie · 89
Hmong · 91
Orfebre · 94
Kampiro Kayrento · 96

III
TERCER VUELO
ATERRIZAJE EN BANDADA

Apnea · 101
Tienda de pinturas · 103
Días anónimos · 105
De qué mueren los magos · 107
Animales de asfalto · 109
Sin especie · 111
Días libres · 112
Numerología para principiante · 114
El metal del costado · 116
Psicodelia · 118
Espeleología · 120
Lento, así se unen los escombros · 122
Combustión espontánea · 124
Leer las manos · 126
Agenda de la llegada · 128
Construir túneles · 129
Acertijo · 131
Aeronáutica para escorpiones alas · 133
Metafísica · 135
Laberinto · 137
Utensilios de cocina · 139
La sombra · 141
Autotune · 143
Felina · 145
El día del tigre · 147

Lluvia · 149
Actitud de gravedad · 151
La sombra del pájaro · 153

Acerca del autor · 157

WILD MUSEUM
MUSEO SALVAJE
Latin American Poetry Collection
Homage to Olga Orozco (Argentina)

1
La imperfección del deseo
Adrián Cadavid

2
La sal de la locura / Le Sel de la folie
Fredy Yezzed

3
El idioma de los parques / The Language of the Parks
Marisa Russo

4
Los días de Ellwood
Manuel Adrián López

5
Los dictados del mar
William Velásquez Vásquez

6
Paisaje nihilista
Susan Campos Fonseca

7
La doncella sin manos
Magdalena Camargo Lemieszek

8
Disidencia
Katherine Medina Rondón

9
Danza de cuatro brazos
Silvia Siller

10
Carta de las mujeres de este país / Letter from the Women of this Country
Fredy Yezzed

11
El año de la necesidad
Juan Carlos Olivas

12
El país de las palabras rotas / The Land of Broken Words
Juan Esteban Londoño

13
Versos vagabundos
Milton Fernández

14
Cerrar una ciudad
Santiago Grijalva

15
El rumor de las cosas
Linda Morales Caballero

16
La canción que me salva / The Song that Saves Me
Sergio Geese

17
El nombre del alba
Juan Suárez

18
Tarde en Manhattan
Karla Coreas

19
Un cuerpo negro / A Black Body
Lubi Prates

20
Sin lengua y otras imposibilidades dramáticas
Ely Rosa Zamora

21
El diario inédito del filósofo vienés Ludwig Wittgenstein /
Le Journal Inédit Du Philosophe Viennois Ludwig Wittgenstein
Fredy Yezzed

22
El rastro de la grulla / The Crane's Trail
Monthia Sancho

23
Un árbol cruza la ciudad / A Tree Crossing The City
Miguel Ángel Zapata

24
Las semillas del Muntú
Ashanti Dinah

25
Paracaidistas de Checoslovaquia
Eduardo Bechara Navratilova

26
Este permanecer en la tierra
Angélica Hoyos Guzmán

27
Tocadiscos
William Velásquez

28
De cómo las aves pronuncian su dalia frente al cardo /
How the Birds Pronounce Their Dahlia Facing the Thistle
Francisco Trejo

29
El escondite de los plagios / The Hideaway of Plagiarism
Luis Alberto Ambroggio

30
Quiero morir en la belleza de un lirio /
I Want to Die of the Beauty of a Lily
Francisco de Asís Fernández

31
La muerte tiene los días contados
Mario Meléndez

32
Sueño del insomnio / Dream of Insomnia
Isaac Goldemberg

33
La tempestad / The tempest
Francisco de Asís Fernández

34
Fiebre
Amarú Vanegas

35
63 poemas de amor a mi Simonetta Vespucci /
63 Love Poems to My Simonetta Vespucci
Francisco de Asís Fernández

36
Es polvo, es sombra, es nada
Mía Gallegos

37
Luminiscencia
Sebastián Miranda Brenes

38
Un animal el viento
William Velásquez

39
Historias del cielo / Heaven Stories
María Rosa Lojo

40
Pájaro mudo
Gustavo Arroyo

41
Conversación con Dylan Thomas
Waldo Leyva

42
Ciudad Gótica
Sean Salas

43
Salvo la sombra
Sofía Castillón

44
Prometeo encadenado / Prometheus Bound
Miguel Falquez Certain

45
Fosario
Carlos Villalobos

46
Theresia
Odeth Osorio Orduña

47
El cielo de la granja de sueños / Heaven's Garden of Dreams
Francisco de Asís Fernández

48
hombre de américa / man of the americas
Gustavo Gac-Artigas

49
Reino de palabras / Kingdom of Words
Gloria Gabuardi

50
Almas que buscan cuerpo
María Palitachi

51
Argolis
Roger Santivañez

52
Como la muerte de una vela
Hector Geager

53
El canto de los pájaros / Birdsong
Francisco de Asís Fernández

54
El jardinero efímero
Pedro López Adorno

55
The Fish o la otra Oda para la Urna Griega
Essaú Landa

56
Palabrero
Jesús Botaro

57
Murmullos del observador
Hector Geager

58
El nuevo gusano saltarín
Isaac Goldemberg

59
Tazón de polvo
Alfredo Trejos

60
Si miento sobre el abismo / If I Lie About the Abyss
Mónica Zepeda

61
Después de la lluvia / After the Rain
Yrene Santos

62
De plomo y pólvora. Poesía de una mente bipolar /
Of Lead and Gunpowder. Poetry of a Bipolar Mind
Jacqueline Loweree

*

New Era:
Wild Museum Collection & Arts
Featuring Contemporary Hispanic American Artists

63
Espiga entre los dientes
Carlos Calero
Cover Artist: Philipp Anaskin

64
El Rey de la Muerte
Hector Geager
Cover Artist: Jhon Gray

65
Cielos que perduren
José Miguel Rodríguez Zamora
Cover Artist: Osvaldo Sequeira

66
Por el mar, con los monstruos de Ovidio a otra parte
Francisco Trejo
Cover Artist: Jaime Vásquez

67
Los vínculos salvajes
Juan Carlos Olivas
Cover Artist: Jaime Vásquez

68
Commemorative Edition:
VII Anniversary of Nueva York Poetry Press

Una conversación pendiente / Unfinished Conversation
Juana Ramos

*

69
La quinta esquina del cuadrilátero
Paola Valverde Alier
Cover Artist: María Kings

70
El evangelio del dragón
Luis Rodríguez Romero
Cover Artist: Osvaldo Sequeira

71
Apuntes para un náufrago
Paúl Benavides
Cover Artist: Jaime Vásquez

72
El ombligo de los pájaros
Francisco Gutiérrez
Cover Artist: Juan Carlos Mestre

POETRY
COLLECTIONS

ADJOINING WALL
PARED CONTIGUA
Spaniard Poetry
Homage to María Victoria Atencia (Spain)

BARRACKS
CUARTEL
Poetry Awards
Homage to Clemencia Tariffa (Colombia)

CROSSING WATERS
CRUZANDO EL AGUA
Poetry in Translation (English to Spanish)
Homage to Sylvia Plath (United States)

DREAM EVE
VÍSPERA DEL SUEÑO
Hispanic American Poetry in USA
Homage to Aida Cartagena Portalatín (Dominican Republic)

FIRE'S JOURNEY
TRÁNSITO DE FUEGO
Central American and Mexican Poetry
Homage to Eunice Odio (Costa Rica)

INTO MY GARDEN
English Poetry
Homage to Emily Dickinson (United States)

I SURVIVE
SOBREVIVO
Social Poetry
Homage to Claribel Alegría (Nicaragua)

LIPS ON FIRE
LABIOS EN LLAMAS
Opera Prima
Homage to Lydia Dávila (Ecuador)

LIVE FIRE
VIVO FUEGO
Essential Ibero American Poetry
Homage to Concha Urquiza (Mexico)

FEVERISH MEMORY
MEMORIA DE LA FIEBRE
Feminist Poetry
Homage to Carilda Oliver Labra (Cuba)

REVERSE KINGDOM
REINO DEL REVÉS
Children's Poetry
Homage to María Elena Walsh (Argentina)

STONE OF MADNESS
PIEDRA DE LA LOCURA
Personal Anthologies
Homage to Alejandra Pizarnik (Argentina)

TWENTY FURROWS
VEINTE SURCOS
Collective Works
Homage to Julia de Burgos (Puerto Rico)

VOICES PROJECT
PROYECTO VOCES
María Farazdel (Palitachi) (Dominican Republic)

WILD MUSEUM
MUSEO SALVAJE
Latin American Poetry
Homage to Olga Orozco (Argentina)

OTHER
COLLECTIONS

Fiction
INCENDIARY
INCENDIARIO
Homage to Beatriz Guido (Argentina)

Children's Fiction
KNITTING THE ROUND
TEJER LA RONDA
Homage to Gabriela Mistral (Chile)

Drama
MOVING
MUDANZA
Homage to Elena Garro (Mexico)

Essay
SOUTH
SUR
Homage to Victoria Ocampo (Argentina)

Non-Fiction/Other Discourses
BREAK-UP
DESARTICULACIONES
Homage to Sylvia Molloy (Argentina)

For those who like Olga Orozco believe that "a word on the back of the world allows the enemy to advance," and who like her recognize that "half of desire is barely that, half of love is only a measure," this book was published in Manhattan on July 2025, as part of the Wild Museum Collection by *Nueva York Poetry Press*, in homage to her voice.

www.ingramcontent.com/pod-product-compliance
Lightning Source LLC
Chambersburg PA
CBHW020052170426
43199CB00009B/261